DECLARATION

DV ROY, PAR LAQVELLE

le Duc de Rohan eſt declaré criminel de leze Majeſté, & comme
tel deſcheu de tous honneurs, dignitez, eſtats, offices, pouuoirs,
Gouuernemens, penſions, priuileges & prerogatiues quelſconques.

Publiée en Parlement le 4. Iuillet 1622.

A PARIS,

Chez FED. MOREL, & P. METTAYER,
Imprimeurs ordinaires du Roy.

M. DCXXII.

Auec Priuilege de ſa Maieſté.

OVIS par la gra-
ce de Dieu Roy de
France & de Na-
uarre, A tous ceux
qui ces presentes Lettres ver-
ront, Salut. Encores que les
asseurances que nous auons
cy deuant donnees par nos
Lettres de declaration du
vingt-septiesme du mois de
May dernier, & autres pre-
cedétes, de proteger & main-
tenir ceux de nos subjets de
ladite Religion pretenduë
reformee, qui se contien-

A ij

droiét en leur deuoir, Nous
deuſſent faire eſperer que les
principaux , & la pluſpart
d'entr'eux, & particuliere-
ment Le Duc de Rohan, co-
gnoiſſant la ſincerité de nos
intentions, qui n'auoient au-
tre but que de reprimer les
rebellions & autres crimes
qui ſe commettoient en au-
cunes de nos Villes contre
noſtre auctorité, demeure-
roient dans les termes du
reſpect & obeiſance qu'ils
nous doiuent : Neantmoins
tant s'en faut que ces iuſtes
conſiderations, ny celles de

ſa qualité & naiſſance, & les
graces & faueurs que nous
luy auons tant de fois & ſi
abondamment departies,
l'ayent peu cõuier à demeu-
rer en ſon deuoir, qu'au con-
traire il ſe ſeroit rendu vn
des principaux inſtrumens
deſdites rebellions, s'eſtant
declaré contre nous & no-
ſtre Eſtat, par les intelligen-
ces, aſſociatiõs & pratiques
qu'il a entretenues, & con-
tinuë encores d'entretenir
auec les aſſemblees factieu-
ſes qui ſe tiennent en noſtre
Royaume, & auec les Eſträ-

gers, & mesmes s'estant mis en campagne auec des troupes & gens de guerre, pour fauoriser les desseins des rebelles, & entreprendre ainsi qu'il faict sur nos Villes & places, commettant toutes sortes d'hostilitez, oppressions & outrages contre nos fideles subjets : Ayant aussi ozé ordonner du Gouuernement de nosdites Villes & places, & enuoyé des mandemens & cōmissions pour leuer des deniers sur nosdits subjets. Ce qui nous donne iuste occasion pour empes-

cher la continuation de sem-
blables crimes , dont vne
plus longue tolerance nous
rendroit respõsables deuant
Dieu, d'vser & faire proce-
der contre tous ceux qui se
sont sousleuez contre nostre
auctorité, & ledit Duc de
Rohan en particulier, tant
par la force & puissance de
nos armes , que par la ri-
gueur de la Iustice.   Pour
ces causes, Sçauoir faisons,
qu'apres auoir faict mettre
cette affaire en deliberation
en nostre Cõseil, où estoient
aucuns Princes de nostre

Sang, Ducs, Pairs & Offi-
ciers de noſtre Couronne,
& principaux de noſtre
Conſeil, Nous auons en
conſequence de nos ſuſdites
Lettres de declaration du
vingt-ſeptieſme May der-
nier, Dict & declaré, Diſons
& declarons par ces preſentes, ſignees de noſtre main,
ledit Duc de Rohan crimi-
nel de leze Majeſté, & comme tel deſcheu de tous honneurs, dignitez, eſtats & offices, pouuoirs, gouuernemens, charges, penſions, priuileges & prerogatiues qu'il
a de

a de nous ou de nos predecesseurs Roys: Auons iceux
reuoquez & reuoquons, &
notamment sa charge de
Gouuerneur & nostre Lieu-
tenant general en Poictou,
Voulons qu'il soit procedé
contre luy, tant en sa personne que biens. Mandons
à tous Gouuerneurs & Lieutenans generaux de nos Pro-
uinces, Capitaines, Chefs &
conducteurs de nos gens de
guerre, de courir sus audit
Duc de Rohan: Et à tous
nos Officiers, Maires, Con-
suls & Escheuins de nos Vil-

B

les, ſe faiſir de ſa perſonne,
s'il ſe trouue en icelles, pour
le mettre en nos mains, & le
pourſuiure par les voyes &
rigueurs de nos Ordonnan-
ces faictes ſur ſemblables
crimes. Si donnons en
mandement à nos amez &
feaux, les gens tenans nos
Cours de Parlement, Bail-
lifs, Seneſchaux, ou leurs
Lieutenans, & tous nos autres Iuſticiers & Officiers
qu'il appartiendra, chacun
endroit ſoy, que ces preſentes ils facent enregiſtrer, lire
& publier où beſoin ſera: Et

le contenu en icelles garder
& obſeruer, ſelon leur forme & teneur, Et à nos Pro-
cureurs Generaux deſdites
Cours, faire pour cet effect
toutes pourſuites & diligen-
ces requiſes & neceſſaires:
Car tel eſt noſtre plaiſir.
En teſmoin dequoy, Nous
auons faiςt mettre noſtre
ſeel à ceſdites preſentes.

Donné à Bordeaux, le
vingt-ſeptieſme iour de Decembre, l'an de grace, mil
ſix cens vingt-vn. Et de noſtre regne le douzieſme.
Signé, LOVIS.

Et ſur le reply, Par le **Roy,**
PHELYPEAVX.

Et ſeellees du grand ſeau de cire iaune ſur double queüe. Et ſur ledit reply eſt encores eſcrit,

Leües, publiees et regiſtrees, Ouy, et ce requerant le Procureur general du Roy, pour eſtre executees ſelon leur forme et teneur: et ordonné que copies d'icelles collationnees, ſeront enuoyees aux Bailliages et Seneſchauſſees de ce reſſort, pour y eſtre pareillement leües, publiees, regiſtrees et executees à la diligence des Subſtituts du Procureur general du

Roy, Ausquels enioint de tenir la main à l'execution d'icelles, et certifier la Cour auoir ce faict au mois. A Paris en Parlement le quatriesme iour de Iuillet mil six cens vingt-deux.

Signé,   DV TILLET.

EXTRAICT DES REGISTRES
de Parlement.

VEV par la Cour, toutes les Chambres assemblees, les Lettres Patentes du Roy donnees à Bourdeaux, le vingt-septiesme Decembre, mil six cens vingt-vn, signees, LOVIS. Et sur le reply, Par le Roy, Phelipeaux, & seellees du grand seel de cire iaune, Par lesquelles, & pour les causes y contenues, ledit Seigneur dict & declare le Duc de Rohan criminel de leze Majesté : & comme tel, descheu de tous honneurs, dignitez, estats & offices, pouuoirs, Gouuernemens, charges, pensions, priuileges, & prerogatiues qu'il a dudit Seigneur Roy, ou de ses predecesseurs : Lesquels il a reuoqué & reuoque, Notamment sa charge de Gouuerneur & Lieutenant general en Poictou , Voulant qu'il soit procedé contre luy , tant en sa personne que biens, selon, & comme plus au long le contiennent lesdites Lettres. Veu aussi les Declarations des quatorze Nouembre mil six cens vingt, vingtsept Auril six cens vingtvn, & sept Iuin audit an, faictes en faueur de ceux de la Religion pretendue reformee qui demeureront en leur deuoir & obeissance, & contre ceux qui seront rebelles & fauorisent ceux de la Rochelle, & autres

Villes qui tiennent contre le seruice
du Roy, Conclusions du Procureur
general du Roy, & la matiere mise
en deliberation, Ladite Cour a ordonné & ordonne, que lesdites Lettres du vingtseptiesme Decembre
dernier, seront leües, publiees & re-
gistrees és registres d'icelle, Ouy & ce
requerant le Procureur general du
Roy, pour estre executees selon leur
forme & teneur, & que copies collationnees seront enuoyees aux Bailliages & Seneschaussees, pour y estre
pareillement leües, publiees & executees, à la diligence des Substituts
dudit Procureur general, ausquels
enioint d'y tenir la main, & certifier
la Cour auoir ce faict au mois. Faict
en Parlement le deuxiesme iour de
Iuillet, mil six cens vingt deux.

Signé,   DV TILLET.

Sommaire du Priuilege.

PAR Lettres patentes du Roy, donnees à Paris le vingt-deuxiesme iour de Feurier, mil six cens vingt, fignees, LOVIS, & fur le reply, Par le Roy, DE LOMENIE, & icelles du grand fcel dudit Seigneur, en cire iaulne, fur double queüe : verifiees, tant en la Cour de Parlement, Chambre des Comptes. Cour des Aydes, Chaftelet de Paris, qu'au Bailliage du Palais : Il eft permis à Federic Morel, & Pierre Mettayer fes Imprimeurs ordinaires, d'imprimer, ou faire imprimer, vendre & debiter tous Edicts, Ordonnances, Mandemens, Lettres patentes, comme auffi tous Arrefts, tant de fon Confeil, que de fes Cours, fans qu'autres Libraires & Imprimeurs les puiffent imprimer ne faire imprimer, vendre ne diftribuer, en quelque forte & maniere que ce foit, fur peine de cinq cens liures d'amende. Voulant au furplus, que tout ce qui fe trouuera imprimé de ce que deffus, par autres que lefdits Morel & Mettayer, foit faifi & cancelé comme nul & faulx, & faict contre fon auctorité & commandement.